Bibliografische Information der Deutschen Nationalbibliothek:

Die Deutsche Bibliothek verzeichnet diese Publikation in der Deutschen National-
bibliografie; detaillierte bibliografische Daten sind im Internet über http://dnb.d-
nb.de/ abrufbar.

Impressum:

Copyright © 2015 GRIN Verlag, Open Publishing GmbH
Druck und Bindung: Books on Demand GmbH, Norderstedt Germany
ISBN: 978-3-668-14066-0

Dieses Buch bei GRIN:

http://www.grin.com/de/e-book/312910/psychodiagnostische-verfahren-in-der-
sonderpaedagogik-foerderschwerpunkt

Marek Birkholz

Psychodiagnostische Verfahren in der Sonderpädagogik. Förderschwerpunkt "geistige Entwicklung"

GRIN Verlag

Inhaltsverzeichnis

Abbildungsverzeichnis

1 Vorstellung des Schülers

F. C.:

F. ist 17 Jahre alt und besucht im ersten Jahr die Werkstufe der Förderschule mit dem Schwerpunkt „Geistige Entwicklung". In seiner Klasse lernt er mit 7 weiteren Schülern mit unterschiedlichen körperlichen und kognitiven Beeinträchtigungen. Er stammt aus Montenegro und kam vor 6 Jahren nach Deutschland. Er hat zwei ältere Brüder, einen Vater und eine Stiefmutter.

Zu schulischen Schwierigkeiten belasteten gerade in den ersten Jahren psychosoziale Probleme die Integration. So verstarb die leibliche Mutter vor 8 Jahren (F. spricht von zeitweise von Selbstmord der Mutter, zu belegen ist das bisher nicht)und der Vater arbeitete damals bereits seit 13 Jahren in Deutschland. Er wuchs mit seinen beiden Brüdern in den Bergen Montenegros bei seiner Großmutter auf, die aus gesundheitlichen Gründen die weitere Betreuung der Kindern abgeben musste. F. kam ohne Deutschkenntnisse nach Deutschland, besuchte erst eine Regelschule bevor vor 5 Jahren der Förderschwerpunkt geistige Entwicklung diagnostiziert und er in die Förderschule in die Mittelstufe einer Schule diesen Förderschwerpunktes eingeschult wurde. Schon früh wurden bei ihm ebenso wie bei seinen Brüdern Verhaltensauffälligkeiten festgestellt, so benahm er sich oftmals zu jung für sein Alter, äußerte sich wiederholt mit seltsamen Lauten und verhielt sich in der Regelschule "clownhaftëvtl. zur Erlangung von Aufmerksamkeit, die er durch fehlende Deutschkenntnisse und Unsicherheiten im neuen Kulturkreis nicht anders zu erlangen wusste.

Auf Grund der früheren Alkoholsucht des Vaters und gewalttätigen Übergriffen, bezog F. eine Wohngruppe, aus der er zweimal monatlich zum Wochenendbesuch bei seinem Vater beurlaubt werden kann.

Nach eigenen Angaben hält die verbale und körperliche Gewalt des Vaters gegenüber F. in bestimmten Stresssituationen weiterhin an. Auch erfährt F. von seinen Brüdern ähnliche Verhaltensweisen. Vom Vater erhält F. keine positiven Rückmeldungen bez. schulischer oder sportlicher Leistungen sondern vorwiegend das Gegenteil.

F. ist sehr sportlich und auf sein äußeres Erscheinungsbild bedacht. Vorbilder sieht er körperlich überlegenen männlichen Personen. Bei Misserfolgen und besseren Erfolgen anderer zeigt F. schnell verbale Ausfälle bis hin zu Beleidigungen. Sobald ein Mitschüler bessere Ergebnisse hervorbringt als F. selbst, steigert sich F. mit verbalen bis körperlichen Ausfällen hinein, aus denen er selbst keinen Ausweg mehr findet. Mädchen und jungen Frauen begegnet er mit wenig Respekt und spricht ihnen jegliche Leistungsbereitschaft und -möglichkeit ab. Dies ist möglicherweise durch die Erziehung seines Vaters als auch kultureller Ideale seiner Heimat stark beeinflusst. Dennoch zeigt er vor älteren Frauen Respekt bis hin zur Ängstlichkeit, die evtl. auf die Erziehungsmethoden seiner Großmutter zurückzuführen ist. Er berichtete mehrmals über Erziehung mittels Gewalt, wie Benutzung des Schürhakens, Schläge auf das nackte Hinterteil sowie

Aussetzen als Kind in beschämenden Situationen(nackt auf die Straße gejagt).

Dennoch kann F. als ein freundlicher und bemühter Junge beschrieben werden, der in mehreren Situationen Hilfsbereitschaft, Anstrengungsbereitschaft, Freundlichkeit und Empathie zeigt. Im Vergleich zu seiner Altersgruppe in dieser Schulform zeigt F. gute Schulergebnisse und Lernbereitschaft. Er findet sich im Zahl- und Mengenraum im Hunderterraum gut zurecht. Er hat starke Lese- und Schreibschwierigkeiten, kann aber Wörter und kurze Sätze sinnhaft erlesen. Er besitzt gute Orientierungsfähigkeiten und findet sich im Alltag gut zurecht.

2 Problemstellung

Die zu beobachtende Problemstellung befasst sich bei F. mit seiner Anwendung körperlicher und verbaler Gewalt. Von seinen bisherigen Lehrern wurde eine ständige Gewaltbereitschaft- und Anwendung sowie unaufhörliche Störung und Belästigung seiner Mitschüler berichtet. Grenzen und Anweisungen wurden ungern beachtet bzw. übergangen sowie zeigte F. bei subjektiv erlebten Misserfolgen schnell aufbrausendes Verhalten und Wut.

Auch in diesem ersten Schuljahr, welches F. in der Werkstufe lernt, beobachteten meine Colehrerin und ich dieses Verhalten. Jedoch war auffallend, dass die Quantität(Häufigkeit des Verhaltens) und Qualität (Zeitpunkte des Verhaltens) nicht so extrem wie bisher beschrieben zu beobachten war sondern offensichtlich situationsabhängig auftrat. Ebenso die Widersprüche des einerseits erlebten freundlichen, hilfsbereiten und andererseits das auffälligeren gewalttätigen und respektlosen Jungen.

Um die Verhaltensweisen besser eingrenzen zu können, deren Ursachen herauszufinden und auf dieser Basis Interventionen durchzuführen, wurde verschiedene Methoden angewandt.

3 angewandte Methoden

- Struktur-Lege-Verfahren (SLV)

- Beobachtung verbaler und körperlicher Gewalt

- Lehrerfragebogen über das Verhalten von Kindern und Jugendlichen (TRF/ 6-18)

- Fragebogen zur Erfassung von Empathie, Prosozialität, Aggressionsbereitschaft und aggressivem Verhalten (FEPAA)

3.1 Struktur-Lege-Verfahren (SLV)

Mittels des SLV sollte determiniert werden, worauf die Verhaltensauffälligkeiten von F. fußen. Dazu wurden zum einen die Ratings zur Lerntätigkeit bearbeitet, um eine Problemeingrenzung in der Lerntätigkeit zu erhalten sowie von dem zu untersuchenden Verhalten der Aggressionsbreitschaft ausgehend mittels des SLV versucht die Ursachen für dieses Verhalten eingegrenzt werden(Vgl. Matthes[1]).

3.1.1 Ratings

1. Tätigkeitsinhalte (Mit welchen Inhalten beschäftigt der Schüler sich in der Unterrichtszeit(mehr oder weniger gute Aufmerksamkeit und Mitarbeit)?): Rating 3 - 4 von 6 - Die Aufmerksamkeit ist schwank zwar stark interessenabhängig, aber kann im Durchschnitt mit einer 4, d.h. überdurchschnittlich ausdauernd bewertet werden.

2. Kontaktgeschehen (Hat der Schüler angemessene soziale Kontakte oder ist er eher isoliert(vor allem beim Lernen im Unterricht)?): Rating 5 von 6 - F. ist sehr gut in der Klasse integriert. Der Abzug besteht in der Art der sozialen Interaktion beim Auftreten des Hauptproblems des aggressiven Verhaltens.

3. Emotionale Lage (Fühlt sich der Schüler im Unterricht (beim Lernen) sicher, aufgehoben und wohl): Rating 3 - 4 von 6

   - Der Schüler ist engagiert beim Lernen bis zum Auftreten von Schwierigkeiten im Lösen/ Bearbeiten der Aufgaben mit der Folge von aggressiven Verhaltensauffälligkeiten.

Das Lernverhalten von F. ist demnach stark interessensgeleitet. Bei subjektiv erlebten Misserfolgen auch im Vergleich zu anderen Mitschülern, die bessere Ergebnisse oder auch gleiche Ergebnisse nur schneller erbrachten, erlebt F. schnell Frustration, die über verbale und körperliche Attacken artkuliert werden. Unter Umständen kann sich

---

[1] *Individuelle Lernförderung - Struktur-Lege-Verfahren.*

F. nicht selbstständig aus diesem Gefühlskreis befreien, so dass solche Situationen in Gewalt zu eskalieren zu drohen.

3.1.2 SLV

Mittels des SLV (Abb. 1) ist zu erkennen, dass das aggressive Verhalten offensichtlich auf dem subjektiven Erleben von Misserfolgen beruht. Nicht zu erfüllende Anforderungen bzw. Schwierigkeiten beim Lösen von Aufgaben gepaart mit einer überhöhten Selbsteinschätzung führt bei F. schnell zur Frustration und dem Gefühl des Nicht-Verstanden-Werdens. Als Reaktion folgt evtl. auch als Selbstschutz vor weiterer Frustration und Enttäuschung ein aggressives Verhalten, da F. durch seine körperliche Stärke hier sowohl den Mitschülern als auch dem Lehrpersonal Vorteile sieht bzw. überlegen ist.

3.2 Beobachtung

Als nächste Maßnahme im Rahmen des Diagnosprozesses wurd eine Beobachtung des Verhaltens von bezüglich des auffälligsten Verhaltens - seiner Aggressivität - durchgeführt (Abb. 2). Besonderes Augenmerk wurde dabei auf die Richtung seiner Aggressivität (gegen sich selbst,gegen Mitschüler, gegen Lehrer / Erzieher, gegen Gegenstände) sowie der aktuellen Situation gelegt. Diese Beobachtung wurde an 2 Tagen durchgeführt, um so zu verschiedenen Situationen Informationen zu erlangen. Außerdem wurde festgehalten, ob es sich um verbale Aggression oder körperliche Aggression handelte. Am ersten Tag wurde mit der Klasse eine Waldexkursion mit verschiedenen Aufgaben angesiedelt im Sinnes- und Kunstbereich.(Barfußpfad, Rindenretusche, Wiesenpicknick)

Das aggressive Verhalten richtete sich nach dem Auswerten der Beobachtungen auf bestimmte Personen und wurde nicht ziellos verwandt. Sowohl quantitativ als auch qualitativ konnte in dem Verhalten eine Situations- und Personenabhängigkeit beobachtet werden und nicht wie angenommen eine Ziellosigkeit und hohe Quantität. Dennoch scheint bisher nach dem Rating, dem SLV und der Beobachtung dieses aggressive Verhalten sowohl die Lebens- als auch Lernaktivitäten von F. stark zu beeinflussen als auch ihn für ihn umgebene Personen unsympathisch wenn nicht sogar bedrohend wirken lassen.

3.3 Befragung mit TRF(6/18)

Um ein Eindruck von F.s Verhalten auf sein Umfeld zu erhalten, wurde eine Befragung seiner beiden Lehrer als auch seines Betreuers in der Wohngemeinschaft mit dem Lehrerfragebogen über das Verhalten von Kindern und Jugendlichen (TRF/ 6-18), der auch in Form für Eltern bzw. Erzieher und Betreuer vorliegt durchgeführt[2].(Vgl. auch: Becker, 2008[3] und Ziereis, 2015[4]) Vom Vater von F. konnte nach Nachfragen keine Mitarbeit erwartet werden.

Mittels dieser Befragung sollen internalisierende, externalisierende und gemischte Störungen des Jugendlichen erfasst werden. Die internalisierenden Störungen werden in die Subskalen 'Sozialer Rückzug', 'Körperliche Beschwerden' und 'Angst/Depressivität' unterteilt. Die Externalisierenden Störungen werden unterteilt in die Subskalen 'Delinquentes Verhalten'(Lehrerfragebogen) bzw. 'Dissoziales Verhalten'(Elternfragebogen) sowie 'Aggressives Verhalten'. Die gemischten Störungen sind unterteilt in 'Soziale Probleme', Schizoid/Zwanghaft' und 'Aufmerksamkeitsstörung' Grundsätzlich ergibt sich bei der Auswertung ein Unterschied zwischen den Ergebnissen der Lehrerfragebögen und des Elternfragebogens. Demnach ergibt sich im Bereich der Wohngruppe bzw. der Wahrnehmung der Erzieher eher eine Unauffälligkeit von F. bez. aller Skalen mit Ausnahme der Zwanghaftigkeit, aber nach Aussage des Erziehers mit abnehmender Häufigkeit (Abb. 3). Allgemein wurde F. eine Zwanghaftigkeit von allen Seiten bescheinigt, aber jeweils in anderer Ausprägung (Erzieher- sammelt elektronische Geräte, Lehrerin- dankt ständig an eine Freundin, Lehrer- alle anderen sind Schuld), so dass sich hier kein konkretes Bild ergibt. Jedoch wird im Elternfragebogen angegeben, dass F. im Rahmen der WG keine Freunde besitzt und nur wenig soziale Kontakte pflegt.Diese Kontakte begrenzen sich auch 2 Schüler aus seiner bzw. der Parallelklasse. Obwohl er in der Freizeit sportlich sehr aktiv ist, sind diese Aktivitäten oft auf Einzelaktivitäten im Fitnesscenter beschränkt. In der Fußballmannschaft eines örtlichen Vereins ist er aufgrund seiner Verhaltensauffälligkeit oft nicht gern gesehen. Dagegen ist die bescheinigte Auffälligkeit in den Lehrerfragebögen interessant. So besitzt F. im Fragebogen ID-L01 (Abb. 4) in den externalisierenden Störungen Auffälligkeiten sowie den internalisierenden Störungen und im Gesamtwert liegt er im Grenzbereich zur Auffälligkeit. Im Fragebogen ID-L02 (Abb. 5) werden F. Auffälligkeiten in alle Störungsbereichen und im Gesamtwert bescheinigt. Die Schwerpunkte liegen in beiden Lehrerfragebögen im Aggressiven Verhalten.

Offensichtlich wird das aggressive Verhalten von F. nur im Rahmen sozialer Interaktionen wirksam bzw. sichtbar. Somit spricht einiges dafür, dass F. wie auch beobachtet einer freundlicher und hilfsbereiter Junge ist, situationsabhängig jedoch schnell Frustration erlebt für die er keine Bewältigungsstrategie besitzt außer des aggressiven Verhaltens. Gepaart mit dem Wissen seiner Kindheit, in der er regelmäßig solchen Erlebnissen der Ohmächtigkeit gegenüber seines Vaters, seiner Brüder und seiner Großmutter ausgesetzt war, erscheint dieses Verhalten erklärbar. Fraglich ist noch, inwieweit F. bewusst ist, wie aggressives Verhalten zu bewerten und zu tolerieren ist und ob er

---

[2]Arbeitsgruppe 1993.

[3]Becker 2008, vgl.

[4]Ziereis 2015.

sich die Gefühle der von ihm drangsalierten Mitschüler vorstellen kann.

3.4 Befragung mit FEPAA

Um in den Fragen der Empathie und des aggressiven Verhaltens zu Ergebnissen zu gelangen, wurde mit F. eine Befragung mit dem 'Fragebogen zur Erfassung von Empathie, Prosozialität, Aggressionsbereitschaft und aggressivem Verhalten (FEPAA)' durchgeführt[5]. Da F. selbst zu schlecht lesen kann, um die Fragen beantworten zu können, wurden sie ihm, nach dem entsprechenden Einstieg, vorgelesen.

Es werden verschiedene Situationen zu den vier im Titel genannten Skalen dargestellt. F. musste dann je nach Skala sich in die Situation, die Gefühle eines anderen hineindenken oder seine eigene Meinung zu einer Situation darlegen. F. befindet sich nach Auswertung des Fragebogens im guten Durchschnitt im Bereich des Standardwertes 100 in jedem Skalenbereich (Abb. 6). Sein Empathievermögen liegt sogar einige Punkte über dem Standardwert. Interessanterweise liegt der Wert der Legitimation des aggressiven Verhaltens mit 95 im unteren Bereich. Jedoch wie befürchtet bzw. auch beobachtet liegt der Wert der Häufigkeit des aggressiven auch aus der Sicht von F. im oberen Bereich.

Ausgehend von diesen Ergebnissen kann davon ausgegangen werden, dass F. die häufige Anwendung von Gewalt bewusst ist ebenso die fehlende Legitimation dessen. Auch besitzt er ausreichend Empathievermögen und Prosozialität, um sich in andere Hineindenken zu können und deren Gefühlszustand bei Gewaltanwendung zu verstehen.

---

[5]Lukesch 2006.

4 Schlussfolgerung

Einerseits wendet F. häufig Gewalt an, um sich aus gewissen frustrierenden Situationen zu befreien. Dies ist ihm auch bewusst und ebenso, dass es dazu keine ausreichende Legitimation gibt. Andererseits scheint ihm die passende Strategie zu fehlen, um mit diesen Situationen adäquat umzugehen und eine Gewaltspirale zu verhindern. Jedoch kann mit den Möglichkeiten, die F. durch seine (situationsabhängige) Anstrengungsbereitschaft gegeben sind, an einer gemeinsamen Strategie gearbeitet werden. Dazu müssen sich sowohl F. als auch die Lehrkräfte auf einen gemeinsamen Dialog einlassen, um in F. Vertrauen auf sein Leistungsvermögen und auf die Anerkennung durch die Lehrkräfte aufzubauen. Diese Arbeit ist unbedingt in Teamarbeit der Klassenlehrer zu leisten.

5 Förderziele - Interventionen

Als Hauptziele gelten der Aufbau einer Bewältigungsstrategie für F. in Frustrationssituationen sowie die schrittweise Erhöhung der Frustrationsgrenze.

5.1 Förderziele

Förderziele:

1. Mit neuen, besseren Beziehungserfahrungen konfrontieren: Zuverlässigkeit und klare Grenzen Ursachen bei provokativem Verhalten suchen sachorientierter Umgang miteinander, Arbeiten an einer gemeinsamen Sache

   Methode: Im gemeinsamen Gespräch sind Grenzen besprechen, die nachvollziehbar geklärt und konsequent eingehalten werden müssen, auch von den Mitschülern. Daher ist ein Einbeziehen der gesamten Klasse sinnvoll. Bei provokativem Verhalten ist zuerst gemeinsam die Ursache dieses Verhalten zu suchen und nicht, wie bisher oft geschehen, sofort eine evtl. unangemessene Maßregelung des Schülers zu erfolgen. Wenn die Grenzen gemeinsam festgelegt wurden, ist für F. eine gerechte und regelbezogene Zurechtweisung auch eher nachzuvollziehen. Zur positiven Verstärkung ist nach Einhalten der Grenzen (für 1 Tag, 1 Woche etc.) ein Belohnungssystem vorgesehen. Dies wird auch vorher mit F. besprochen, so dass er ein zeitnahes Ziel vor Augen hat, dass auch zu erreichen ist und Erfolge erlebbar machen.

2. Stärkung des Erfolgserlebens und Verbesserung des Umgangs mit Schwierigkeiten: durch den Selbstwert steigernde Attributierungen und deutliche und unmittelbare Erfolgsrückmeldungen.

   Methode: Zeitnahe und auf Leistung bezogen Erfolgsrückmeldung sind an F. zu geben, um Erfolge für ihn erlebbar zu machen. Bei auftretenden Schwierigkeiten sind diese schon bei Beginn mit einer Gegenstrategie zu begegnen, um einen selbstverstärkenden Kreislauf von F. zu vermeiden. Geplant sind das Einbringen einer frühzeitigen Arbeitspause, rechtzeitige Interventionen und Ratschläge durch die Lehrkraft bei ersten Anzeichen von Schwierigkeiten sowie frühzeitige Aufgabenwechsel zur besseren Aufrechterhaltung der Konzentration und Arbeitsmotivation.

3. Verbesserung des Schüler-Lehrer-Beziehungen: Lehrer: Empfinden von pädagogischer Wirksamkeit, Wahrnehmen von Erfolgen Schüler: Wahrnehmen des Lehrers als hilfsbereit, gerecht

   Methode: Auf Ansprache durch F. direkt reagieren, da sonst schnell das Erreichen der Frustrationsgrenze zu befürchten ist. Gleichzeitig ist darauf zu achten, dass sich F. nicht als Gesprächs- oder Unterrichtslenkend erlebt, sondern in seinen Äußerungen und Präsenz wahrgenommen und respektiert wird. F. wird wahrscheinlich in seinem Verhalten immer hervorstechen, da er sich lautstark artikuliert. Dies darf aber nicht als negatives Verhalten ausgelegt werden und auf diese Weise eine Benachteiligung für ihn zur Folge hat, die er nicht einordnen kann. Als Lehrkraft ist auf eine faire und gleichberechtigte Behandlung der gesamten Klasse zu achten. Das konsequente Einhalten der Methoden zu den ersten beiden Förderzielen werden für F. die klare Figur der Lehrkraft zeichnen, mit deren Rückmeldungen er arbeiten und sich darauf verlassen kann.

5.2   Hauptidee der Förderung

Förderung eines in die eigene Leistung vertrauende Menschen, der sich bei Schwierigkeiten Hilfe holt und auf die Bereitschaft des Lehrers vertraut, gerecht zu handeln und die Erfolge anzuerkennen und zu belohnen. Dabei muss auf feste und konsequente Regeln geachtet werden, diese müssen sachgerecht dargelegt sein und können auf diese Weise für F. nachvollziehbar angewandt werden. Als Fernziel kann die Anerkennung höherer Leistungen anderer Mitschüler durch F. stehen, die dann als Unterstützung erkannt werden bzw. auch als Ansporn dienen können. Der Schüler soll erkennen, dass er das Potenzial und die Energie zur Leistungssteigerung hat, wenn diese in die richtigen Bahnen gebracht werden und das diese Leistungen und auch die Leistungssteigerung gesehen, unterstützt und anerkannt werden. Ein Großteil der Förderung besteht in der konsequenten Reflexion der Reaktion und Arbeit der Lehrkraft, um F. eine verlässliche Stütze und Anleitung zu gewähren.

Aufgrund der fortgeschrittenen Zeit im Schuljahr, in der die diagnostischen Verfahren durchgeführt wurden, ist ein Beginn der Interventionen und Verfolgung der Förderziele erst mit Beginn des Schuljahres 2015/2016 möglich.

Literatur

Arbeitsgruppe, Deutsche Child Behavior Checklist (1993). *Lehrerfragebogen über das Verhalten von Kindern und Jugendlichen; deutsche Bearbeitung der Teacher´s Report Form der Child Behavior Checklist (TRF). Einführung und Anleitung zur Handauswertung.* Hrsg. von P. Döpfner M. Melchers. Köln: Arbeitsgruppe Kinder-, Jugend- und Familiendiagnostik (KJFD).

Becker, Andreas (2008). „Strengths and Difficulties Questionnaire (SDQ)". Dissertation. Göttingen: Georg-August-Universität Göttingen.

Lukesch, Helmut (2006). *Fragebogen zur Erfassung von Empathie, Prosozialität, Aggressionsbereitschaft und aggressivem Verhalten.* Göttingen: HOGREFE Verlag GmbH + Co.KG.

Matthes, Gerald. *Individuelle Lernförderung - Struktur-Lege-Verfahren.* URL: http://www.individuelle-lernfoerderung.de/slv/.

Ziereis, Susanne (2015). „Motorische Fähigkeiten und exekutive Funktionen bei Kindern mit einer Aufmerksamkeitsdefizit-/Hyperaktivitätsstörung". Dissertation. Regensburg: Universität Regensburg.

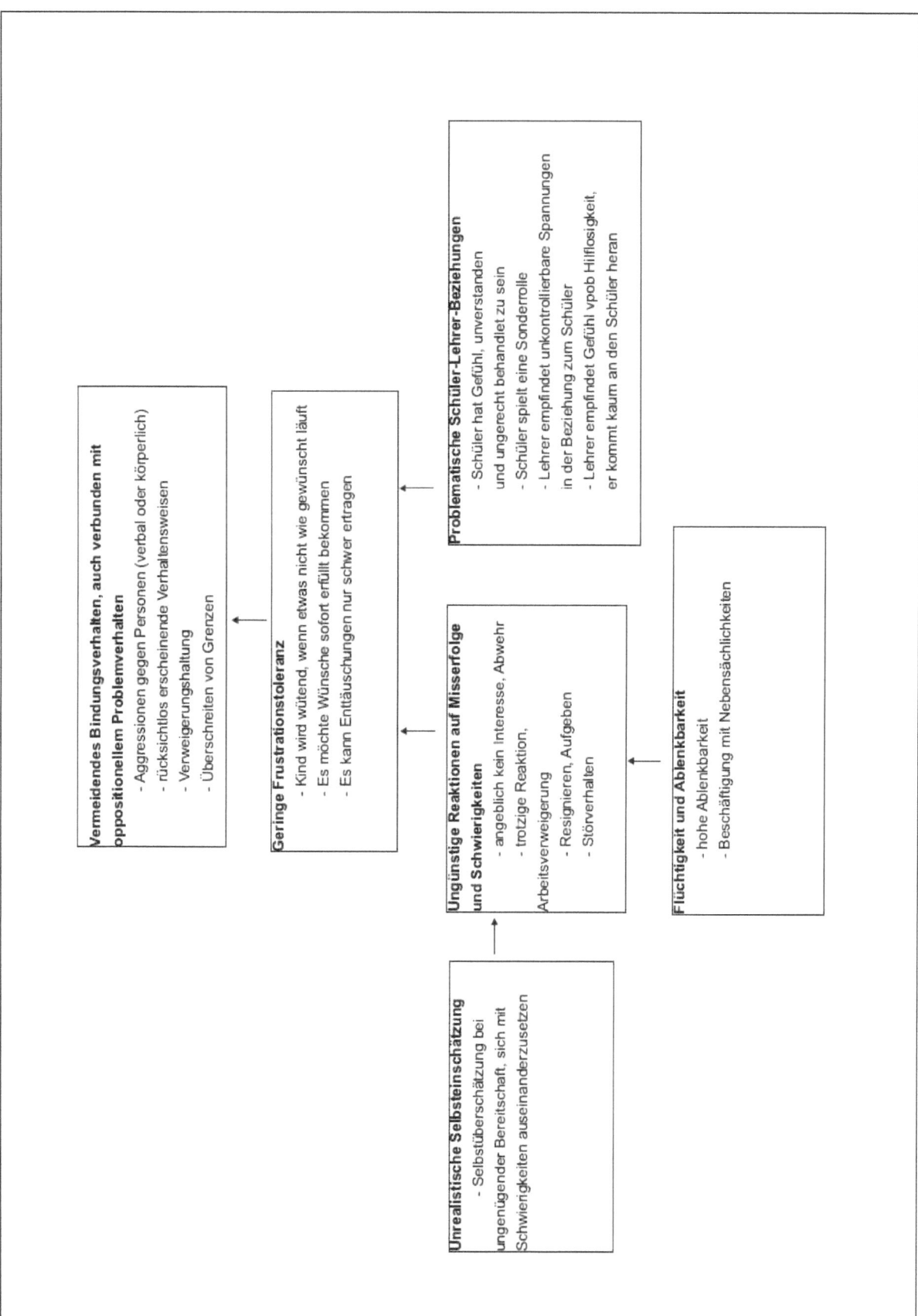

Vermeidendes Bindungsverhalten, auch verbunden mit oppositionellem Problemverhalten
- Aggressionen gegen Personen (verbal oder körperlich)
- rücksichtslos erscheinende Verhaltensweisen
- Verweigerungshaltung
- Überschreiten von Grenzen

Geringe Frustrationstoleranz
- Kind wird wütend, wenn etwas nicht wie gewünscht läuft
- Es möchte Wünsche sofort erfüllt bekommen
- Es kann Enttäuschungen nur schwer ertragen

Problematische Schüler-Lehrer-Beziehungen
- Schüler hat Gefühl, unverstanden und ungerecht behandlet zu sein
- Schüler spielt eine Sonderrolle
- Lehrer empfindet unkontrollierbare Spannungen in der Beziehung zum Schüler
- Lehrer empfindet Gefühl vpob Hilflosigkeit, er kommt kaum an den Schüler heran

Ungünstige Reaktionen auf Misserfolge und Schwierigkeiten
- angeblich kein Interesse, Abwehr
- trotzige Reaktion,
Arbeitsverweigerung
- Resignieren, Aufgeben
- Störverhalten

Flüchtigkeit und Ablenkbarkeit
- hohe Ablenkbarkeit
- Beschäftigung mit Nebensächlichkeiten

Unrealistische Selbsteinschätzung
- Selbstüberschätzung bei ungenügender Bereitschaft, sich mit Schwierigkeiten auseinanderzusetzen

Abbildung 1: Struktur-Lege-Verfahren F. C.

Angriffe verbaler und körperlicher Gewalt von F. gegen Mitschüler

v - verbale Gewalt
k - körperliche Gewalt

KV - Montag
kv - Dienstag

Zeitraum	8:00	8:15	8:30	8:45	9:00	9:15	9:30	9:45	10:00
Vorkommen									
Zielperson									
N									
S	v				v		v		V(X1)
F									k(X1)
Se									KVK(X1)
A									

X1-ESSENSPAUSE

Zeitraum	10:15	10:30	10:45	11:00	11:15	11:30	11:45	12:00	12:15
Vorkommen									
Zielperson									
N	v	v							V(X3)
S		k							
F									
Se		k			K(X2)			k	
A									

X3-MITTAGSTISCH

Zeitraum	12:30	12:45	13:00	13:15	13:30	13:45	14:00	14:15	14:30
Vorkommen									
Zielperson									
N									
S									
F						K(X4)			
Se	v					k		k	k
A									

X2-RÜCKWEG

x4-COMPUTER NACH AG – N saß am Computer

Abbildung 2: Beobachtungsbogen F. C. zum Auftreten aggressiven Verhaltens

TRF6-18 Syndrome Skala

T Wert (Skala: 100, 95, 90, 85, 80, 75, 70, 65, 60, 55, 50)

	Internalisierend					
I Sozialer Rückzug	II Körperliche Beschwerden	III Angst/ Depressivität	IV Soziale Probleme	V Schizoid/Zwanghaft	VI Aufmerksamkeitsstörung

T-Wert-Markierungen: I = 55 · II = <50 · III = 56 · IV = 65 · V = 72 · VI = 63

	I Sozialer Rückzug	II Körperliche Beschwerden	III Angst/ Depressivität	IV Soziale Probleme	V Schizoid/ Zwanghaft	VI Aufmerksamkeitsstörung
	0 42 lieber allein	0 51 Schwindelig	0 12 Einsam	1 1 verhält sich zu jung	0 9 Zwangsdenken	1 1 verhält sich zu jung
	0 65 spricht nicht	0 54 Müde	0 14 Weint	1 11 Klammert	0 40 Hört Dinge	1 8 Konzentration
	0 69 verschlossen	0 56a Schmerzen	0 31 Angst Schlimmes zu tun/ denken	0 25 kommt nicht mit a. Schülern aus	2 66 Zwangshandeln	0 10 Unruhig
	1 75 scheu	0 56b. Kopfschmerzen	0 32 Perfekt	0 38 Wird gehänselt	0 70 Sieht Dinge	0 13 Verwirrt
	0 80 starrt ins Leere	0 56c. Übelkeit	0 33 Ungeliebt	0 48 Nicht beliebt	1 80 Starrt ins Leere	0 17 Tagträume
	1 88 schmoll	0 56d Augenprobleme	0 34 Andere antun	0 55 Übergewicht	1 84 seltsames Verhalten	1 41 Impulsiv
	0 102 wenig aktiv	0 56e. Hautprobleme	0 35 Wertlos	1 62 Tapsig	0 85 seltsame Ideen	0 45 Nervös
	0 103 Traurig	0 56f Bauchprobleme	0 45 Nervös	1 64 Lieber mit Jüngeren		0 46 Tics
	0 111 Sozialer Rückzug	0 56g. Erbrechen	1 50 Ängstlich			0 61 Schlecht in der Schule
			0 52 Schuldgefühl			1 62 Tapsig
			1 71 Befangen			0 80 Starrt ins Leere
			1 89 Misstrauisch			
			0 103 Traurig			
			0 112 Sorgen			
Summe	2	0	3	3	3	4
T Wert	55	<50	56	56	72	63

Abbildung 3: TRF-Fragebogen Erzieher

Schultyp: FS GE

Zahl auffälliger Fragen	24
Gesamtwert	28
Gesamt-T-Wert	59 unterhalb Grenze Auffälligkeit
Internalisierende	5
INT T-Wert	54
Externalisierende	7
EXT T-Wert	54

Externalisierend

VII Dissoziales Verhalten / **VIII Aggressives Verhalten** / **Andere Probleme**

Grenze der Auffälligkeit: T-Wert 67-70
Unauffällig

VII Dissoziales Verhalten		VIII Aggressives Verhalten		Andere Probleme	
0	26 Rührt sich nicht schuldig	1	3 Streitet viel	0	5 Verhält sich wie anderes Geschlecht
0	39 schlechter Umgang	0	7 Gibt an	0	6 Einkoten
0	43 Lügt	0	16 Gemein zu Anderen	0	15 Quält Tiere
0	63 Lieber mit Älteren zusammen	1	19 Verlangt Beachtung	0	18 Selbstverletzung
0	67 Weglaufen	0	20 Zerstört Eigenes	0	24 Isst schlecht
0	72 Feuer legen	0	21 Zerstört Fremdes	0	29 Phobien
0	81 Stehelen zu Hause	0	22 Ungehors. Zu Hause	0	30 Angst Schule
0	82 Stehelen anderswo	1	23 Ungehors. Schule	0	36 Häufig Unfälle
0	90 Flucht	0	27 Eifersüchtig	0	44 Nägelkauen
0	96 Denkt zuviel an Sex	0	37 Raufereien	0	47 Alpträume
0	101 Schwänzt die Schule	0	57 Körperliche Aggressivität	0	49 Verstopfung
0	105 Alkohol/Drogen	0	68 Schreit viel	2	53 Isst zuviel
0	106 Vandalismus	0	74 Spielt Clown	0	56h andere Beschwerden
		1	86 Störrisch	0	58 Ugft sich
		0	87 Affektlabil	0	59 Onanie öffentlich
		0	93 Redet viel	0	60 Onanie zuviel
		0	94 Hänselt	0	73 sSexuelle Probleme
		1	95 Wutausbruch	0	76 Schläft weniger
		0	97 Bedroht Andere	0	77 Schläft mehr
		2	104 Sehr laut	0	78 Kot schmieren
				0	79 Sprechstörung

1	83 Hortet
0	91 Redet von Suizid
0	92 Schlafwandeln
0	98 Daumenlutschen
0	99 zu ordentlich
0	100 Schlafstörung
0	107 Enuresis tags
0	108 Bettnässen
0	109 Quengelt
0	Will anderes 110 Geschlecht
2	113 Andere Probleme

<50   0   <50   56   5   7   56

Abbildung 3: TRF-Fragebogen Erzieher

TRF6-18 Syndrome Skala

T Wert (Skala: 100 – 95 – 90 – 85 – 80 – 75 – 70 – 65 – 60 – 55 – 50)

	Internalisierend					
	I Sozialer Rückzug	II Körperliche Beschwerden	III Angst/ Depressivität	IV Soziale Probleme	V Schizoid/Zwanghaft	VI Aufmerksamkeitsstörung
T Wert (Grafik)	54	67	59	58	68	57
Summe	2	3	5	3	3	14
T Wert	54	67	59	58	68	57

I Sozialer Rückzug
- 0 — 42 lieber allein
- 0 — 65 spricht nicht
- 0 — 69 verschlossen
- 1 — 75 scheu
- 0 — 80 starrt ins Leere
- 1 — 88 schmollt
- 0 — 102 wenig aktiv
- 0 — 103 Traurig
- 0 — 111 Sozialer Rückzug

II Körperliche Beschwerden
- 0 — 51 Schwindelig
- 0 — 54 Müde
- 1 — 56a Schmerzen
- 1 — 56b Kopfschmerzen
- 0 — 56c Übelkeit
- 1 — 56d Augenprobleme
- 0 — 56e Hautprobleme
- 0 — 56f Bauchprobleme
- 0 — 56g Erbrechen

III Angst/ Depressivität
- 0 — 12 Einsam
- 0 — 14 Weint
- 0 — 31 Angst Schlimmes zu tun/ denken
- 0 — 32 Perfekt
- 0 — 33 Ungeliebt
- 0 — 34 Andere antun
- 0 — 35 Wertlos
- 0 — 45 Nervös
- 0 — 47 Überangepasst
- 0 — 50 Ängstlich
- 0 — 53 Schuldgefühl
- 0 — 71 Befangen
- 2 — 81 bei Kritik verletzt
- 2 — 89 Misstrauisch
- 0 — 103 Traurig
- 0 — 106 Will gefallen
- 1 — 108 Angst vor Fehlern
- 0 — 112 Sorgen

IV Soziale Probleme
- 1 — 1 verhält sich zu jung
- 0 — 11 Klammert
- 0 — 12 Einsam
- 0 — 14 Weint
- 1 — 25 kommt nicht mit a. Schülern aus
- 0 — 33 Ungeliebt
- 0 — 34 andere ihm was antun
- 0 — 35 Wertlos
- 0 — 36 Häufig Unfälle
- 0 — 38 Wird gehänselt
- 1 — 48 Nicht beliebt
- 0 — 62 Tapsig
- 0 — 64 lieber mit Jüngeren

V Schizoid/Zwanghaft
- 2 — 9 Zwangsdenken
- 0 — 18 Selbstverletzung
- 0 — 29 Phobien
- 0 — 40 Hört Dinge
- 0 — 66 Zwangshandeln
- 0 — 70 Sieht Dinge
- 0 — 84 seltsames Verhalten
- 1 — 85 seltsame Ideen

VI Aufmerksamkeitsstörung
- 1 — 1 verhält sich zu jung
- 2 — 2 seltsame Geräusche
- 1 — 4 Arbeiten unbeendet
- 1 — 8 Konzentration
- 1 — 10 Unruhig
- 0 — 13 Verwirrt
- 1 — 15 Zappelig
- 0 — 17 Tagträume
- 1 — 22 Probleme bei Anweisungen
- 1 — 41 Impulsiv
- 0 — 45 Nervös
- 1 — 49 Lernprobleme
- 0 — 60 Apathisch
- 1 — 61 Schlecht in der Schule
- 0 — 61 Tapsig
- 0 — 72 Unordentlich
- 1 — 78 Unaufmerksam
- 0 — 80 Starrt ins Leere / Unter seinen
- 1 — 92 Fähigkeiten
- 1 — 100 erledigt Aufgaben nicht

Abbildung 4: TRF-Fragebogen Lehrer 1

	Wert	
Zahl auffälliger Fragen	49	
Gesamtwert	60	
Gesamt-T-Wert	63	obere Grenze zur Auffälligkeit
Internalisierende	10	
INT T-Wert	50	Untere Grenze zur Auffälligkeit
Externalisierende	26	
EXT T-Wert	67	auffällig

Externalisierend

VII Delinquentes Verhalten		VIII Aggressives Verhalten		Andere Probleme	
26 fühlt sich nicht schuldig	1	3 Streitet viel	1	5 Verhält sich wie anderes Geschlecht	0
39 schlechter Umgang	1	6 Trotzig/frech	1	28 Isst Ungeeignetes	0
43 Lügt	1	7 Gibt an	1	30 Angst vor Schule	0
63 Lieber mit Älteren zusammen	0	16 Gemein zu Anderen	1	44 Nägelkauen	0
82 Stiehlt	0	19 Verlangt Beachtung	2	46 Tics	0
90 Flucht	2	20 Zerstört Eigenes	0	55 Übergewicht	1
98 zu spät zur Schule	0	21 Zerstört Fremdes	0	56h Andere Beschwerden	0
101 schwänzt Schule	0	23 Ungehors. Schule	1	58 Zupft sich	0
105 Alkohol/Drogen	0	24 Stört Andere	2	59 Schläft im Unterricht	0
		27 Eifersüchtig	1	73 Ohne Verantwortung	1
		37 Raufereien	0	79 Sprechstörung	0
		53 Redet dazwischen	1	83 Hortet	0
		57 Körperliche Aggressivität	2	91 Redet v. Suizid	0
		67 Stört Klasse	1	96 Denkt zuviel an Sex	0
		68 Schreit viel	0	99 Zu ordentlich	0
		74 Spielt Clown	2	107 Mag Schule nicht	0
		76 Aufbrausend	1	109 Quengelt	0
		77 Fordernd	2	110 Ungepflegt	0
		86 Störrisch	1	113 Anderer Probleme	0
		87 Affektlabil	0		
		93 Redet viel	0		
		94 Hänselt	2		
		95 Wutausbruch	0		
		97 Bedroht Andere	1		
		104 Sehr laut	1		

Grenze zur Auffälligkeit / Unauffällig

	VII	VIII	
	61	67	
	4	24	2
	61	67	

Abbildung 4: TRF-Fragebogen Lehrer 1

TRF6-18 Syndrome Skala

T Wert — 100, 95, 90, 85, 80, 75, 70, 65, 60, 55, 50

	I Sozialer Rückzug	II Körperliche Beschwerden	III Angst/ Depressivität	IV Soziale Probleme	V Schizoid/Zwanghaft	VI Aufmerksamkeitsstörung
(Internalisierend)						
T Wert (plot)	56	63	68	65	65	61
	0 42 lieber allein	0 51 Schwindelig	0 12 Einsam	2 1 verhält sich zu jung	2 9 Zwangsdenken	2 1 verhält sich zu jung
	0 65 spricht nicht	1 54 Müde	0 14 Weint	1 11 Klammert	0 18 Selbstverletzung	0 2 seltsame Geräusche
	0 69 verschlossen	1 56a. Schmerzen	1 31 Angst Schlimmes zu tun/ denken	0 12 Einsam	0 29 Phobien	1 4 Arbeiten unbeendet
	0 75 scheu	0 56b. Kopfschmerzen	2 32 Perfekt	0 14 Weint kommt nicht mit a 25 Schülern aus	0 40 Hört Dinge	1 8 Konzentration
	0 80 starrt ins Leere	0 56c. Übelkeit	1 33 Ungeliebt	1 33 Ungeliebt andere ihm was	0 66 Zwangshandeln	1 10 Unruhig
	1 88 schmollt	0 56d Augenprobleme	0 34 Andere antun	0 34 antun	0 70 Sieht Dinge	1 13 Verwirrt
	1 102 wenig aktiv	0 56e. Hautprobleme	1 35 Wertlos	1 35 Wertlos	0 84 seltsames Verhalten	1 15 Zappelig
	1 103 Traurig	1 56f. Bauchprobleme	1 45 Nervös	0 36 Häufig Unfälle	0 85 seltsame Ideen	1 17 Tagträume
	0 111 Sozialer Rückzug	0 56g. Erbrechen	0 47 Überangepasst	0 38 Wird gehänselt		2 22 Probleme bei Anweisungen
			1 50 Ängstlich	1 48 Nicht beliebt		2 41 Impulsiv
			0 53 Schuldgefühl	0 62 Tapsig		1 45 Nervös
			0 71 Befangen	0 64 lieber mit Jüngeren		1 49 Lernprobleme
			2 81 bei Kritik verletzt			1 60 Apathisch
			1 89 Misstrauisch			0 61 Schlecht in der Schule
			1 103 Traurig			0 61 Tapsig
			1 106 Will gefallen			1 72 Unordentlich
			0 106 Angst vor Fehlern			2 78 Unaufmerksam
			0 112 Sorgen			0 80 Starrt ins Leere Unter seinen
						1 92 Fähigkeiten
						1 100 erledigt Aufgaben nicht
Summe	3	3	12	2	7	20
T Wert	56	63	63	68	65	61

Abbildung 5: TRF-Fragebogen Lehrer 2

K. Schultyp: FS GE

Externalisierend

Grenze der Auffälligkeit: T-Wert 67-70
Unauffällig

VII Delinquentes Verhalten	67	VIII Aggressives Verhalten	79	Andere Probleme	
2	26 fühlt sich nicht schuldig	2	3 Streitet viel	0	5 Verhält sich wie anderes Geschlecht
1	39 schlechter Umgang	1	6 Trotzig/frech	0	28 Isst Ungeeignetes
1	43 Lügt	1	7 Gibt an	0	30 Angst vor Schule
1	63 Lieber mit Älteren zusammen	2	16 Gemein zu Anderen	0	44 Nägelkauen
0	82 Stiehlt	2	19 Verlangt Beachtung	1	46 Tics
2	90 Flucht	0	20 Zerstört Eigenes	1	55 Übergewicht
0	98 zu spät zur Schule	1	21 Zerstört Fremdes	0	56h Andere Beschwerden
0	101 schwänzt Schule	2	23 Ungehors. Schule	0	58 Zupft sich
0	105 Alkohol/Drogen	2	24 Stört Andere	0	59 Schläft im Unterricht
		1	27 Eifersüchtig	0	73 Ohne Verantwortung
		2	37 Raufereien	2	79 Sprachstörung
		2	53 Redet dazwischen	1	83 Hortet
		2	57 Körperliche Aggressivität	0	91 Redet v. Suizid
		1	67 Stört Klasse	1	96 Denkt zuviel an Sex
		1	68 Schreit viel	1	99 Zu ordentlich
		1	74 Spielt Clown	0	107 Mag Schule nicht
		2	76 Aufbrausend	0	109 Quengelt
		1	77 Fordernd	0	110 Ungepflegt
		2	86 Störrisch	2	113 Anderer Probleme
		1	87 Affektlabil		
		1	93 Redet viel		
		2	94 Hänselt		
		1	95 Wutausbruch		
		1	97 Bedroht Andere		
		2	104 Sehr laut		

7   36   8
67   79

Abbildung 5: TRF-Fragebogen Lehrer 2

FEPAA Profilbogen

Testform: A

ID: HS-01-A

	Name: F.	Geschlecht: männlich	Geburtsdatum: 07.07.1998	Alter: 16
	ausgefüllt am: 26.06.15	ausgefüllt von: F. mit Lehrer B.	Schultyp: FS GE	Klasse: Werkstufe (W1)

Standardwert (*) — 130, 120, 110, 100, 90, 80, 70

Prozent (X) — 100, 98, 84, 50, 16, 2, 0

	Empathie			Prosozialität			Legitimation aggr. Verhalten			Häufigkeit aggr. Verhalten		
	RW	SW	PR	RW	SW	PR	RW	SW	PR	RW	SW	PR
	73	102	57,9	21	99	46,0	34	95	30,9	22	104	65,5

Abbildung 6: FEPAA-Fragebogen F. C.

Abbildung nach FEPAA Profilbogen,
©Hogrefe Verlag GmbH &Co.KG
Änderungen v. M. Birkholz(23.07.2015)